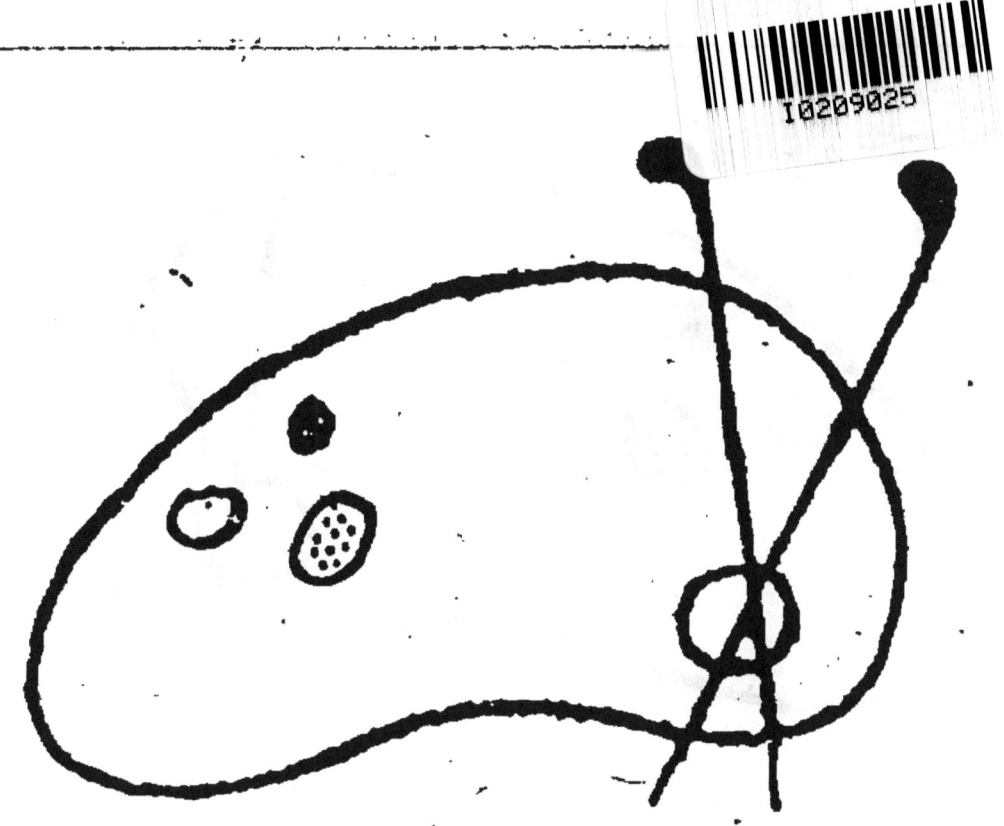

Début d'une série de documents en couleur

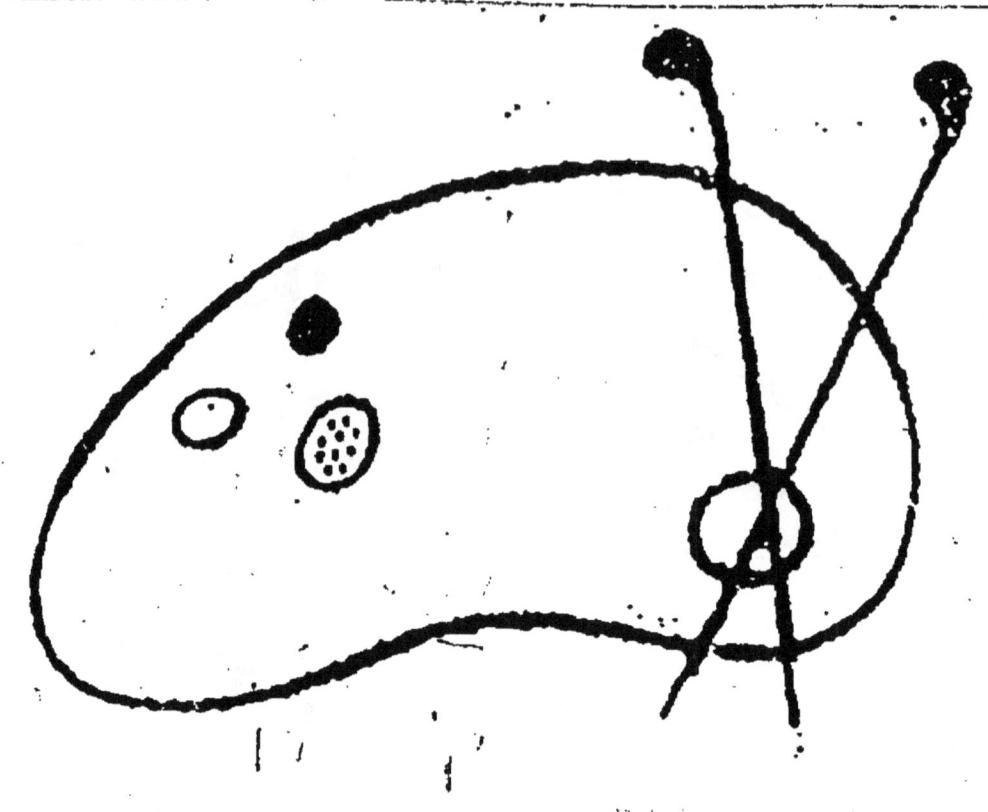

Fin d'une série de documents en couleur

Dissertations philologiques et bibliographiques par M. Ch. Nodier, et autres, à joindre au Bulletin du Bibliophile.

25 CENTIMES CHACUNE POUR LES SOUSCRIPTEURS.

1°. Avec le N° 2. De la Liberté de la Presse avant Louis XIV.
2°. ————— 6. De la Reliûre en France au xix° siècle.
3°. ————— 7. De quelques Livres satiriques et de leur clef. 1re partie.
4°. ————— 8. Suite de cet ouvrage. 2° partie.
5°. ————— 9. De la Maçonnerie et des Bibliothèques spéciales. 1re partie.
6°. ————— Le 10° numéro est composé *du langage factice appelé macaronique.*
7°. ————— 11. De la Maçonnerie et des Bibliothèques spéciales. 2° partie.
8°. ————— 12. Des Matériaux dont Rabelais s'est servi pour la composition de son ouvrage.
9°. ————— 13. Des auteurs du xvi° siècle qu'il convient de réimprimer.
10°. ————— 14. Comment les patois furent détruits en France.
11°. ————— 15. Annales de l'imprimerie des Aldes.
12°. ————— 16. Artifices de certains Auteurs pour déguiser leurs noms.
13°. ————— 17. Échantillons curieux et statistiques.
14°. ————— 18. De quelques langues artificielles qui se sont introduites dans la langue vulgaire.
15°. ————— 19. Du Dictionnaire de l'Académie française. 3 parties.
16°. ————— 21. Bibliographie des fous, par Ch. Nodier. 2 parties.
17°. ————— 22. Les Papillottes du perruquier d'Agen, par le même.
18°. ————— 23. Notice sur l'origine des cartes à jouer, par le Bibliophile Jacob.
19°. ————— 24. Notice sur le manuscrit de la chronique des Normands, et sur l'édition qu'en a faite M. Champollion pour la Société de l'histoire de France, par M. Paulin Paris.

DE LA

LIBERTÉ DE LA PRESSE

AVANT LOUIS XIV;

PAR M. CH. NODIER.

A PROPOS D'UN PETIT LIVRE INTITULÉ:

AU TIGRE DE LA FRANCE.

PARIS,
TECHENER, PLACE DU LOUVRE, 12.

1834.

PHILOLOGIE.

DE LA

LIBERTÉ DE LA PRESSE

AVANT LOUIS XIV.

Anecdote curieuse.

Il y a de très honnêtes gens qui se persuadent que la liberté de la presse est une des conquêtes de la révolution; hommes candides, sincères, estimables, qui croient tout ce qu'on leur dit sur la foi de la tribune et de la presse, et auxquels il ne manque pour juger sainement des choses, que d'avoir lu ou de savoir lire. C'est de cette masse imposante d'opinions individuelles, que se compose le fantôme qu'on appelle l'OPINION PUBLIQUE.

La presse ne subit de répression réelle en France que sous le règne de Louis XIV; et il est difficile de déterminer si la stupeur qui la saisit tout à coup résulta de l'action vigoureuse du pouvoir ou d'un amendement spontané des esprits. Ce qu'il y a de certain, c'est que la force est aussi forte qu'il lui plaît de l'être, et que tout prince qui veut être maître chez lui n'y manque jamais de serviteurs; c'est la loi de l'espèce humaine. Voyez Napoléon, et dites-moi quels écrivains ont osé affronter la tyrannie la plus déclarée qui ait jamais pesé sur les nations? Deux ou trois enfants étourdis peut-être, mais d'autant moins dangereux que le peuple les mettoit au rang des fous, et le peuple avoit raison.

Jusqu'aux premières années du règne réel de Louis XIV majeur, la presse étoit plus libre à Paris qu'elle ne l'a jamais été et ne le sera jamais nulle part. On a vendu chez le duc de la Vallière soixante-sept gros portefeuilles in-4°, de petits pamphlets contre le cardinal Mazarin, et cette énorme quantité de libelles ne compose peut-être pas la soixante-septième partie de ce qui en a paru. Tout cela n'étoit repris par voie de justice qu'autant que les institutions fondamentales de la société s'y trouvoient intéressées. Le reste appartenoit à la critique commune, et le bibliothécaire du ministre, le savant Gabriel Naudé, a fait sur cette matière un excellent ouvrage, où les bonnes intentions et les vrais talents sont appréciés avec autant d'impartialité que s'il s'agissait des affaires d'utopie ou de celles de l'île Sonnante. Nous sommes, sous le rapport de la vraie liberté, à mille générations rétrogrades de ce temps-là. On ne s'en doute guère.

Je suis bien loin de nier cependant que la presse ait eu ses martyrs. Je sais vraiment trop d'histoire littéraire pour tomber dans cette erreur, et j'ai porté une conscience trop loyale dans mes écrits les plus faciles à suspecter de condescendance et de passion, pour l'affecter sans y croire. La liberté de la pensée a malheureusement coûté beaucoup de sang, mais la mauvaise foi seule des hommes de métier qui font industrie et trafic de popularité, peut mettre sur le compte de l'institution politique ces concessions tragiques des tribunaux, qui n'étoient qu'un tribut payé par la peur aux frénésies populaires. Oui, sans doute, la liberté de penser et d'écrire a été souvent réprimée avant le règne de Louis XIV par des arrêts homicides, mais ces arrêts déplorables qu'il faudroit pouvoir effacer de l'histoire des nations, ce n'étoient pas les rois, c'étoit le peuple qui les dictoit; c'étoit l'émeute victorieuse qui venoit les arracher aux tribunaux, un poignard levé d'une main sur le sein de l'accusé, un poignard levé de l'autre sur le sein du juge. A cette époque, si sottement calomniée par l'ignorance ou le mensonge, tout attentat contre l'indépendance de l'âme et du génie, a été l'ouvrage du peuple; et moi, qui n'ai pas, grâce au ciel, les mêmes raisons que les monopoleurs du vote et les privilégiés de l'ovation, pour caresser d'une flatterie honteuse la *bellua multorum capitum* d'Horace, je ne sais pourquoi j'hésiterois à dire une fois ce que l'on n'a jamais dit, quoique tous les gens instruits le sachent mieux que moi.

Non-seulement le droit de plainte, de réclamation, de censure, de résistance morale et matérielle, étoit largement libre pour les états-généraux, pour les parlements, pour les cours souveraines, pour les assemblées provinciales, mais il appartenoit à quiconque savoit écrire et vouloit imprimer; et il est vraisemblable que la légalité qui atteignoit ces délits étoit moins rigoureuse que la nôtre pour ceux qui ne s'attaquoient qu'aux pouvoirs constitués de l'état, puisque la presse elle-même, si intéressée à crier de ses blessures, nous a conservé moins de procédures de ce genre en deux siècles, que la *Gazette des Tribunaux* n'en étale en deux jours! On ne dira pas pour me répondre que le libellisme a gagné en fécondité dans la même proportion. Les insulteurs répandus sur le chemin du triomphe, ne font plus que des groupes isolés, et sans consistance; c'étoient alors des légions et des armées. Un bibliophile s'amuse à recueillir ces témoignages contemporains de nos ignobles discordes sous vingt ministres différents, et je garantis qu'il en a tout au plus de quoi remplir les soixante-sept portefeuilles du recueil si notoirement incomplet des *Mazarinades*. Quant à Anne Dubourg, à Estienne Dolet, à Geoffroy Vallée, à Simon Morin, à Claude Petit, à cinquante autres victimes innocentes, ou du moins excusables, du fanatisme ou des infâmes concessions de la justice, le crime en est à la *bellua centiceps* du poète, comme le massacre de la Saint-Barthélemy, comme les fureurs de la ligue. Ce ne fut probablement pas la bouche d'Henri III qui ordonna au parti vainqueur de pendre le président Brisson à une des corniches de la salle du conseil. Ce furent les seize bouches sanglantes du monstre. Partout où l'exercice temporaire de cette tyrannie de la populace qu'on appelle sa souveraineté n'est pas réprimée soudainement par une main toute puissante, il y a violation des loix humaines et de la liberté.

L'ascendant d'un charlatanisme imposteur qui donnoit pour nouveau tout ce qui s'approprioit bien ou mal aux vœux irréfléchis de la masse, n'étoit pas difficile à comprendre au moment de la révolution de 1789. L'éducation collégiale, fermée à l'histoire de France, ne s'ouvroit qu'au récit de ces énormes brutalités grecques et romaines, sous la garantie desquelles on sanctifioit dans la chaire des professeurs le fratricide de Timoléon et le parricide des Brutus. Notre passé, à nous, n'étoit qu'esclavage et barbarie, et nous avions pour témoins de ce grand fait du passé quelques pieds-plats de barbouilleurs dont l'érudition n'est jamais allée jusqu'à épeler une ligne des chroniques. Aujourd'hui, ce n'est pas tout-à-fait la même chose. La science des faux docteurs, à force d'aiguiser des armes contre la vérité, en a dérouillé quelques-unes qui la blesseront à mort quand on daignera les ramasser. Telle est la question de la liberté de la presse.

Oui, sans doute! la presse a eu de grands et d'honorables martyrs sur lesquels les larmes des gens de bien coulent encore : Ramus, assassiné par les péripatéticiens des écoles; Dolet, aux acclamations d'un peuple extravagant dans sa foi, comme il l'a été depuis dans son athéisme; Morin, le patron inconnu des saint-simoniens, qui fut pendu en prophétisant que ses successeurs seroient lapidés, et qui a prophétisé juste; Cazotte, parcequ'il aimoit la royauté; Du Rozoy, parcequ'il aimoit le roi; et tout le reste, selon que la *bellua* caméléon avoit changé de robe et de passion, pendant qu'on égorgeoit les uns ou les autres. L'espèce anthropophage reste toujours la même, en dépit des progrès de son prétendu perfectionnement. Bigotte, elle mange des incrédules; incrédule, elle mange des prêtres; il n'y a de nouveau que le menu du festin. Les goules populaires qui déterrèrent le maréchal d'Ancre pour le dévorer, auroient été très dignes de participer à la curée de septembre sur le cadavre de la princesse de Lamballe. Il y a quatre ans qu'elles demandoient *du ministre*, et si on ne les musèle pas, elles en demanderont demain. Toute l'histoire des peuples civilisés est écrite en grosses lettres et imprimée avec du sang, dans l'histoire des cannibales.

A force de chercher, on trouveroit bien dans l'époque que j'ai marquée, c'est-à-dire avant Louis XIV, deux ou trois hommes alors populaires, et qui ne furent réellement sacrifiés qu'à de cruelles vengeances royales, tels qu'Edmond Bourgoin et Jean Guignard; mais ce n'est pas en faveur de ceux-là qu'on réclame au nom de la presse persécutée par les *tyrans* du seizième siècle. Leur supplice date du joyeux et favorable avénement d'Henri IV, et il a fourni un texte inépuisable d'équivoques galantes et de gracieuses bouffonneries à la tolérante Clio de Voltaire. C'est qu'il n'y avait pas grand mal de tirer à quatre chevaux de pauvres moines stupides ou fanatiques, mais pleins de conscience et de courage, qui osoient énoncer dans la chaire de vérité le sentiment qu'ils professoient dans le for intérieur de leur âme. Le premier étoit dominicain et le second jésuite; et toutes les fois qu'un encyclopédiste parle de la liberté de la pensée, les dominicains et les jésuites sont exceptés de droit.

J'ai promis une anecdote singulière; anecdote historique, anecdote littéraire, anecdote bibliographique, si l'on veut, et cependant *anecdote* presque *inédite* de nos jours, suivant la véritable acception du mot, quoiqu'elle ait été consignée dans trois de nos historiens les plus accrédités parmi les savants. Si les principes que je viens d'établir avoient besoin d'une preuve, je n'irois pas en chercher une autre, mais je la regarde comme un ornement de luxe. La voici :

Sous le règne de notre jeune roi François II, mari infortuné de cette reine Marie Stuart, qui fut plus infortunée que lui, les Guises seuls régnoient en effet, couverts du masque de la religion, comme ils l'auroient été plus tard de celui de la liberté. Le peuple étoit *guisard*, et vouoit un culte idolâtre aux insolents tuteurs de son prince enfant. Valois exécroit les princes de Lorraine, mais il subissoit leur joug sans se plaindre, avec l'humble résignation d'un écolier malade ; et ce n'étoit pas sans motif, car ce peuple forcené, d'où sortirent les ligueurs quelques années après, l'auroit brisé sur sa tête, s'il avoit essayé de le soulever. C'est cet état de choses qui donna lieu au fait que Regnier de la Planche racontera au lecteur dans des termes qui valent mieux que les miens (1):

« Nous avons dit que la cour de parlement faisoit de gran-
» des perquisitions à l'encontre de ceux qui imprimoyent ou
» exposoyent en vente les escrits que l'on semoyt contre ceux
» de Guise. En quoy quelques jours se passèrent si accorte-
» ment qu'ils sceurent enfin qui auoit imprimé un certain
» liuret fort aigre intitulé le Tygre. Vn conseiller nommé
» du Lyon en eust la charge, qu'il accepta fort volontiers,
» pour la promesse d'un estat de président au parlement

(1) *Histoire de l'estat de France, tant de la république que de la religion, sous le règne de François II.* 1576. In-8°, p. 385 et suivantes.

» de Bourdeaux, duquel il pourroit tirer deniers, si bon
» luy sembloit. Ayant donc mis gens après, on trouua l'Im-
» primeur nommé Martin L'Hommet qui en estoit saisi.
» Enquis qui le luy auoit baillé, il respond que c'est un
« homme inconnu, et finalement en accuse plusieurs de l'a-
» voir veu et leu, contre lesquels poursuites fusrent faites,
» mais ils le gagnèrent au pied. Ainsi qu'on menoit pendre
» cest imprimeur, il se trouua un marchant de Rouen, moyen-
» nement riche et de bonne apparence, lequel voyant le peu-
» ple de Paris estre fort animé contre ce patient, leur dit seu-
» lement, et quoi, mes amis, ne suffit-il pas qu'il meure? Lais-
» sez faire le bourreau. Le voulez-vous dauantage tourmenter
» que sa sentence ne porte? (Or ne sauoit-il pourquoy on le fai-
» soit mourir, et descendoit encor de cheual à une hostellerie
» prochaine.) A ceste parolle quelques prestres s'attachent à
» lui, l'appellant Huguenot et compagnon de cest homme, et
» ne fust ceste question plustost esmeue que le peuple se icite
» sur sa malette et le bat outrageusement. Sur ce bruit ceux
» qu'on nomme la iustice approchent, et pour le rafreschir le
» meinent prisonnier en la conciergerie du palais, où il ne fut
» plustost arrivé que du Lyon l'interrogue sommairement sur
» le fait du Tygre, et des propos par luy tenus au peuple. Ce
» pauure marchant iure de sauoir que c'estoit ne l'avoir
» iamais veu, ni ouy parler de messieurs de Guise : dit qu'il
» est marchant qui se mesle seulement de ses affaires. Et quant
» aux propos par luy tenus, ils n'auoyent du offenser aucun.
» Car meu de pitié et compassion de voir mener au supplice
» un homme (lequel toutesfois il ne reconnoissoit et n'auoit
» iamais veu) et voyant que le peuple le vouloit oster des
» mains du bourreau pour le faire mourir plus cruellement,
» il auoit seulement dit qu'ils laissassent faire au bourreau
» son office, et que la-dessus il a esté iniurié par des gens de
» robbe longue, pillé, volé et outragé par le peuple, et mené
» prisonnier ignominieusement, sans auoir iamais meffait ne
» mesdit à aucun, requerant à ceste fin qu'on enquist de sa
» vie et conuersation, et qu'il se sumettoit au iugement de
» tout le monde. Du Lyon sans autre forme et figure de procez,
» fait son rapport à la cour et aux iuges déléguez par icelle,

» qui le condamnent à estre pendu et estranglé en la place
» Maubert, et au lieu mesme où auoit esté attaché cest im-
» primeur. Quelques iours après, du Lyon se trouvant à soup-
» per en quelque grande compagnie, se mit à plaisanter de ce
» pauvre marchant. On lui remonstra l'iniquité du iugement
» par ses propos mesmes. Que voulez-vous? dit-il, il faloit
» bien contenter monsieur le cardinal de quelque chose,
» puis que nous n'auons peu prendre l'autheur; car autre-
» ment il ne nous eust iamais donné relasche. »

C'est ainsi que le peuple entend les libertés politi-
ques du pays quand il est souverain, ou, pour parler plus
exactement, quand il se croit souverain, sous la domination
des scélérats qui exploitent ses passions, pour les faire servir
au succès de leur ambition ou à l'exécution de leurs vengeances. J'ai conservé soigneusement l'orthographe antique de
cette page d'histoire, afin d'éviter à mon lecteur quelque mé-
prise de chronologie. Et en effet, au lieu des hommes à robe
longue, mettez des hommes à veste courte, Fouquier-Tinville
à la place de du Lyon, et Marat à la place du cardinal de Lorraine; le récit que je viens de vous faire datera de l'an II de la
république.

Le passage de Brantôme est heureusement plus explicite, en
ce qui concerne le livre même, bien qu'il ne paroisse pas que
ni Brantôme, ni Regnier de la Planche, ni Bayle qui les copie
tous les deux, en aient jamais vu d'exemplaire : « Il y eut for-
» ce libelles diffamatoires, dit-il, contre ceux qui gouvernoient
» alors le royaume; mais il n'y eut aucun qui picquât plus
» qu'une invective intitulée le Tigre (sur l'imitation de la
» première invective de Cicéron contre Catilina), d'autant
» qu'elle parloit des amours d'une très grande et belle
» Dame et d'un Grand son proche : si le galant auteur eût es-
» té appréhendé, quand il eût eu cent mil vies, il les eût tou-
» tes perdues : car et le Grand, et la Grande en furent si es-
» tomaquez, qu'ils en cuidèrent désespérer. » (1)

On voit que Brantôme plus retenu en cette occasion qu'à
son ordinaire, soit qu'il eût encore quelque raison de modé-

(1) *Vies des dames galantes.* Leyde, Sambix, 1666, t. 2, p. 467.

rer l'intempérance habituelle de sa verve médisante, soit qu'il n'en sût réellement pas davantage, a laissé dans une obscurité presque impénétrable le secret de ces scandaleuses personnalités. Le titre même du libelle restoit à déterminer exactement, car si Brantôme et Regnier de la Planche l'appellent *le Tigre*, deThou, qui n'a fait que traduire le vieil auteur dans un latin plus énergique et plus concis, et qui étoit plus compétent que personne en matière de bibliographie, n'est pas d'accord avec lui sur ce cas du substantif : « *libellus incerto nomine*, dit-il (Tome II, p. 9 de l'édition de Londres), *In Guisianos scriptus, cui ob id TIGRIDI titulus præfixus erat.* » *Tigridi* signifie *au Tigre*, et non pas *le Tigre*, et telle devoit être en effet la forme de l'invective, si bien caractérisée par Brantôme.

La science des amateurs en étoit là, quand l'intelligente activité du libraire Techener a découvert dans une obscure bibliothèque de province un petit écrit de sept feuillets intitulé : *Epistre enuoiée au tigre de la France* (1), qui remplit toutes les conditions du libelle décrit par Brantôme, sur la foi de la tradition judiciaire ou de la tradition publique. L'imitation éloquente de la première Catilinaire y est sensible à toutes les phrases, et il suffit de citer les premières lignes de la copie, pour rappeler le modèle : « Tigre enragé, vipère ve- » nimeuse, sépulcre d'abominations, spectacle de malheur, » *jusques à quand sera-ce que tu abuseras* de la jeunesse » de notre roy ? ne mettras-tu jamais fin à ton ambition » démesurée, à tes impostures, à tes larcins, etc. » Tout le discours est soutenu comme celui de l'orateur romain sur ce ton d'apostrophe et d'imprécation. Il n'y a rien à opposer à cette preuve éclatante d'identité.

L'épisode relatif aux amours d'un *grand* et d'une *grande* est encore plus diffamatoire que la vague indication de Brantôme ne l'auroit fait supposer : « Tu fais profession de pres- » cher de saincteté, toy qui ne connois Dieu que de parolle, » qui ne tiens la religion chrestienne que comme un masque

---

(1) Voyez n° 161 du *Bulletin du Bibliophile*, chez Techener, place du Louvre, n° 12.

» pour te déguiser, qui fais ordinaire traffique, banque et
» marchandise d'éveschez et de benefice, qui ne vois rien de
» sainct que tu ne souilles, rien de chaste que tu ne violles,
» rien de bon que tu ne gastes. L'honneur de ta sœur ne se
» peut garentir d'avec toy. Tu laisses ta robe, tu prens l'espée
» pour l'aller voir. Le mary ne peut estre si vigillant que tu ne
» decoyves sa femme; etc. » La malheureuse dame dont il est
question ici ne seroit-elle pas Anne d'Est, femme de François
de Lorraine, duc de Guise, belle-sœur et non sœur du cardinal, ce qui diminueroit au moins un peu l'horreur de cet inceste? C'est un doute que j'abandonne à regret aux muses spinthriennes qui explorent sur nos théâtres les débauches et les turpitudes des vieilles cours.

La même inexactitude existe encore sur l'auteur de l'ouvrage qui a eu, comme on vient de le voir, d'excellentes raisons pour ne pas se faire connoître. Bayle, qui ne paroît pas avoir vu ce rarissime libelle, l'attribue à François Hotman, et s'il l'avoit vu, il auroit insisté sans doute avec une conviction mieux établie sur sa conjecture, car je ne crains pas de dire qu'il n'y avoit peut-être que François Hotman alors qui fût capable de s'élever dans notre langue aux hauteurs de cette véhémente éloquence. Là se trouvent, et presque pour la première fois, quelques-unes de ces magnifiques tournures oratoires qu'un génie inventeur pouvoit seul dérober d'avance au génie de Corneille, de Bossuet et de Mirabeau : « Tu fis tant par tes impostures que, sous l'amitié fardée d'un pape dissimulateur, ton frère aîné fut fait chef de toute l'armée du roi. » —Je connois ta jeunesse si envieillie en son obstination et tes mœurs si dépravées, que le récit de tes vices ne te sauroit émouvoir. »
— « Si tu confesses cela, il te faut pendre et étrangler; si tu le nies, je te convaincrai. » — Cicéron lui-même n'a pas de traits qui ne le cèdent à ceux-ci en vigueur et en bonheur d'expression. François Hotman étoit d'ailleurs en Alsace, pour ses missions d'Allemagne, dans l'année 1560; or, le libelle a été certainement imprimé à Strasbourg ou à Basle, et on ne sait dans laquelle de ces deux villes, Jacques Estauge, imprimeur à Basle en 1562, avait d'abord établi ses presses. Ce dont il est impossible de douter, c'est que l'*Epitre au Tigre* est sortie

des presses de Jacques Estauge; la conformité des caractères frapperoit les yeux les moins exercés. C'est la forme large, et évasée des capitales, l'*E* romain a la bouche oblique, au lieu d'être tirée horizontalement au composteur, le Z romain aux barres flexueuses comme dans les italiques, le point d'interrogation capricieusement contourné, le type identique enfin de l'*Elégie de la jeune fille déplorant sa virginité perdue*, signée en 1557 par Jacques Estauge, qui, selon sa méthode de ce temps-là, ne fait pas mention de nom de lieu.

Mais l'imprimeur Martin L'Hommet, me dira-t-on, pourquoi donc fut-il pendu, s'il n'avoit pas imprimé l'*Epitre au Tigre?* Hélas! demandez plutôt au peuple, au cardinal, au bourreau, et à M. Du Lyon. Martin L'Hommet n'étoit pas même imprimeur : c'étoit un libraire, et un pauvre libraire, *Pauperculus librarius*, dit de Thou, chez qui le hasard en avoit fait tomber quelques copies, non peut-être sans connivence de la police de M. Du Lyon, qui étoit pressé de *contenter M. le cardinal en quelque chose*, et de gagner son état de président au parlement de Bordeaux : *Si ce n'est toi, c'est donc ton frère*, dilemme éternel d'une logique qui ne vous est pas inconnue, pour peu que vous ayez vu le monde; celle du peuple, des tyrans et des loups.

Paris, Imprimerie de BRUN, rue du Mail, n° 5.

www.ingramcontent.com/pod-product-compliance
Lightning Source LLC
Chambersburg PA
CBHW071447060426
42450CB00009BA/2313